村上祥子の「食べ力(ちから)」3分レッスン

勉強の前に、まずごはん!

村上祥子

もくじ

- 子どものみなさんへ……………4
- 大人のかたへ……………5
- なぜ食べるんだろう？……………6
- 栄養ってなに？……………8
- この味、どんな味？　調味料で、おいしくなるね……………12
- 朝ごはん、食べてる？……………14
- 子どもに料理を教える前に……………16
- 電子レンジABCレシピ集……………17
- 電子レンジ料理のワザ……………18
- ごはんを炊こう……………20
- 肉じゃがを作ろう……………24

さばのみそ煮を作ろう……28

ピザを作ろう……30

りんごサワーで、サラダを作ろう……36

食べ力Q&A……40
おさらいクイズ50……42
「食」のいいつたえ……44
「食べ力」自由研究のすすめ……45

あなたも食べ力をつけて、

子どものみなさんへ

　わたし、6歳のときからごはんを炊き、さばのみそ煮など作っていました。それから、大きな病気で死にかけて、今までに10回も手術をうけたのよ。おはかに入るなんてイヤだから、しっかり食べて、運動しました。そして10回ともみごと生き返り、いまはみんながおどろくほど元気いっぱい。

　だからみなさんに、声を大きくして言いますね。

勉強の前に、まずごはん！

　力のもとになるお米のごはん。からだをつくる肉や魚や卵。調子をととのえる野菜や海そう。それをバランスよく食べ、よく動いたら、ぐんぐん育って、病気にまけないからだになります。自分で材料を組みあわせて、お料理できたらもう最高。

　この本では「食べ力は、生きる力」というお話のあと、電子レンジで手品みたいにかんたんに作れる、ごはんやピザや肉じゃがをお教えします。ぜひ作ってみてね。

　わたしは、おいしいものを作ること、食べることがだい好きです。そして食べ力がいのちのきほんだということを広めたくて、きょうは東京、あしたは北海道、あさってはアメリカ…。世界中をかけまわって、仕事をしています。

　あなたも食べ力をつけて、すてきな人生にしてね！

むらかみさちこ

すてきな人生にしてね！

大人のかたへ

　いま教育は、子どもたちの「生きる力」を育てる方向に大きく変わりつつあります。

　人が健康に生きていくための3本柱は運動、睡眠、食。なかでも食は、子どもたちのからだや脳をつくり、育て、動かす原動力です。そこで「食育」が脚光を浴びているのです。

　しかしその範囲は大変広く、栄養学や調理方法だけでなく、素材の旬、物質の化学変化（卵のタンパク質が熱で固まるなど）のこと、味覚やおいしさについて、食べ残しと地球環境…なにをどこまで教えたらいいのか、現場は混乱しています。

　家庭科の先生や栄養士といった専門家でさえ戸惑っているのですから、ファストフードの洗礼を受けて育った今の若いおかあさんたちは、お手上げです。

　私自身は「現代の子どもたちにまず必要なことは、自分で実際に食事を作ってみる経験を通して、食べることの大切さに気づくことではないか」。そう考えて、もう20年以上、食育の活動を続けています。

　ほんのちょっとしたきっかけを作ってあげれば、子どもたちは「食べることも作ることも楽しい！」と思える世界へ入ってきます。大人が「おいしいね」と喜んでみせると、「また作ってあげたい」と人のためになにかをする喜びを知り、大きな自信をもちます。そして、素材の名前や旬のこと、栄養のバランスのことなどをいつのまにか覚え、食べることを大切にしたい、と自然に考えるようになります。

　バランスのとれた食習慣と、人や食物をいとおしむ気持ちを子どもの時に身につけられたら、心身ともにすこやかに、一生幸せに生きていけます。

　勉強の前に、まずごはん！　子どもたちに一生の、最高の宝ものをプレゼントしましょう。

村上祥子

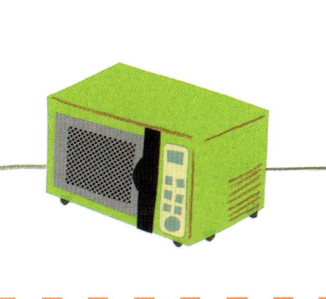

なぜ食べるん

寝ているときも、心臓は動いている。雪の日も、からだはあったかい。
なぜ？　生きているから！
脳が24時間、からだのいろんな所に 指令を送り、からだがこたえてくれているから。
生きているってことは、脳とからだが協力しあって動き続けること。
その燃料が、食べ物です。
人間も、虫や魚も、動物も、いのちがあるものは、みんな食べます。
生きるために、食べます。食べ物は、いのちのもと。
食べることは、息をすることと同じ、生きていくために、ぜったい必要なこと。

Q 食べないと？

A 生きる力がへっていきます。

食べないと、からだや脳をつくったり、
動かしたりする栄養素がたりなくなります。
背がのびない。体重が増えない。骨が折れやすくなる。
力がでなくて、病気になりやすい。
頭がボーッとして、ちゃんと考えたり 集中することができない。
食べる楽しみもなくて、毎日がつまらない。
生きる力が、どんどんへっていきます。

Q 好きなものを好きなだけ食べると？

A 太りすぎたり、からだや心の調子をくずします。

ハンバーガーとフライドポテトとコーラを、1日3食、毎日食べ続ける実験をした人がいます。
みるみるすごく太って、いつもだるくて、食べていないとイライラする からだになったそうです。
脂質をとりすぎ、ビタミンやミネラルを ほとんどとらない、栄養のかたよった食事を続けたせいです。
ただ食べるのでなく、健康になる食べ方を 自分で選べるようになりましょう。

だろう？

Q バランスよく食べると？

A 元気に生きていけます。

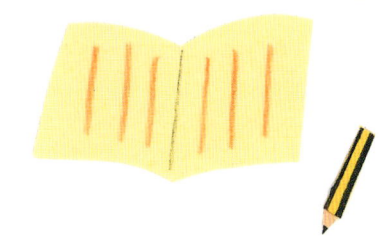

ごはんも野菜も魚も肉もバランスよく食べると、
からだや脳をつくったり、
動かしたりする栄養素も
かたよらずにとりいれられます。
背がのびる。やせすぎや、太りすぎにならない。
骨もしっかりして折れにくくなる。
体力がついて、病気になりにくい。
勉強にも遊びにも運動にも、
落ちついて気分よくとりくめる。
みんなでおいしくごはんを食べる時間は、
毎日の大きな楽しみ。
いきいき元気に生きていけます。

「食べ力（ぢから）」＝からだや心が元気になる食べ物を、自分で選んで、バランスよく食べる力。

食べ力コラム1　子ども時代の体型が一生を左右する

子どもたちの食の乱れが、心身に影を落としています。小学生なのに、霜ふり肉のような脂肪太りや、糖尿病になる子がいます。小学4年生の女の子が「ダイエットしたいから給食を残す」と言うのを聞いて驚いたこともあります。塾通いの子どもが路上でスナック菓子やカップ麺を食べている姿もよく見かけます。

からだの土台ができる子ども時代に、栄養のかたよった食事で脂肪細胞が増えて肥満体になったり、ダイエットでやせ細ると、一生そのままになることが多いのです。反対に、炭水化物、たんぱく質、脂質、ビタミン、ミネラルのバランスのとれた食習慣を身につけられたら、丈夫なからだで一生生きていけます。子ども時代に脂肪細胞を増やさなければ、大人になっても、ひどい太り方はしないからだになります。

かわいい子には、旅より勉強より前に、まず健康な食習慣を身につけさせましょう。

栄養ってなに?

人間のからだは60兆個もの細胞の集まり。成分に分けると
水分、脂質、たんぱく質、無機質（ミネラル）などが、下のような割合で含まれています。
私たちは食べ物を食べて消化・吸収して こういった成分をからだの中でつくりだし、
また、からだや脳を動かす燃料にしています。
この、外から食べ物をとりいれて なりたっているからだの働きが「栄養」です。
炭水化物、たんぱく質、脂質を三大栄養素といい、ビタミン、無機質（ミネラル）を
加えて五大栄養素といいます。
食物せんいは
「第六の栄養素」と呼ばれています。

からだをつくる成分の割合
（年齢や体形などによって差があります）

- 水分 60〜70%
- 脂質 13〜24%
- たんぱく質約 16%
- 無機質・ビタミン約 4%
- その他 1%

食べ力コラム2

からだもおいしい料理も、水分量は60〜70%

時間に余裕があったら、からだの水分の働きについても、子どもたちに話しておきましょう。水分は栄養素ではありませんが、からだの組織の60〜70％を占め、「栄養素を運ぶ」「いらなくなった成分を、汗や尿として外に出す」「体温を調整する」といった重要な働きをしています。

炊きたてのごはんやゆでた野菜など、おいしく感じる料理の水分量も、多くは60〜70％。乾パンのようなパサパサの食べ物は、たくさんはのどを通らない人が多いですね。おいしさには、味や香りだけでなく水分量も、大きく影響するのです。

食べ物と栄養素
主に熱や力のもとになる…炭水化物、脂質

ごはん
パン
うどん・パスタ
じゃがいも
砂糖 さとう
さつまいも
バター
油

炭水化物、脂質を
多く含む食品

「ごはん食べ力（ちから）」の炭水化物

炭水化物はからだの中で分解されてブドウ糖に変わり、
すばやく、脳やからだを動かす
エネルギーのもとになります。
ごはんやパン、パスタなどの穀類や、
いも類、砂糖にたくさん含まれます。
エネルギーに変わったあとは炭酸ガスと水になって、
息やおしっこと一緒に出ていきます。
よく燃えて、あとになにも残さない栄養素なので、
太る原因になりにくいのです。

「アブラ食べ力（ちから）」の脂質

脂質は主に活動のエネルギーになります。
肉やバターに含まれる動物性の脂、魚に含まれる油、
サラダ油などの植物性の油の3種類があって、
1gで約9kcal（炭水化物は4kcal）と、
少量でも大きなエネルギー源になります。
あまった分はからだの脂肪としてたくわえられるので、
とりすぎには気をつけて。
でも、脂質は細胞や血管をつくってなめらかに動かし、
ひふがカサカサになるのを防いだり、
ばい菌から守る役割もしてくれます。
いろいろな食品から、毎日少しずつとってくださいね。

食べ物と栄養素

主にからだ(血や肉や骨)をつくる…
たんぱく質、カルシウム、鉄

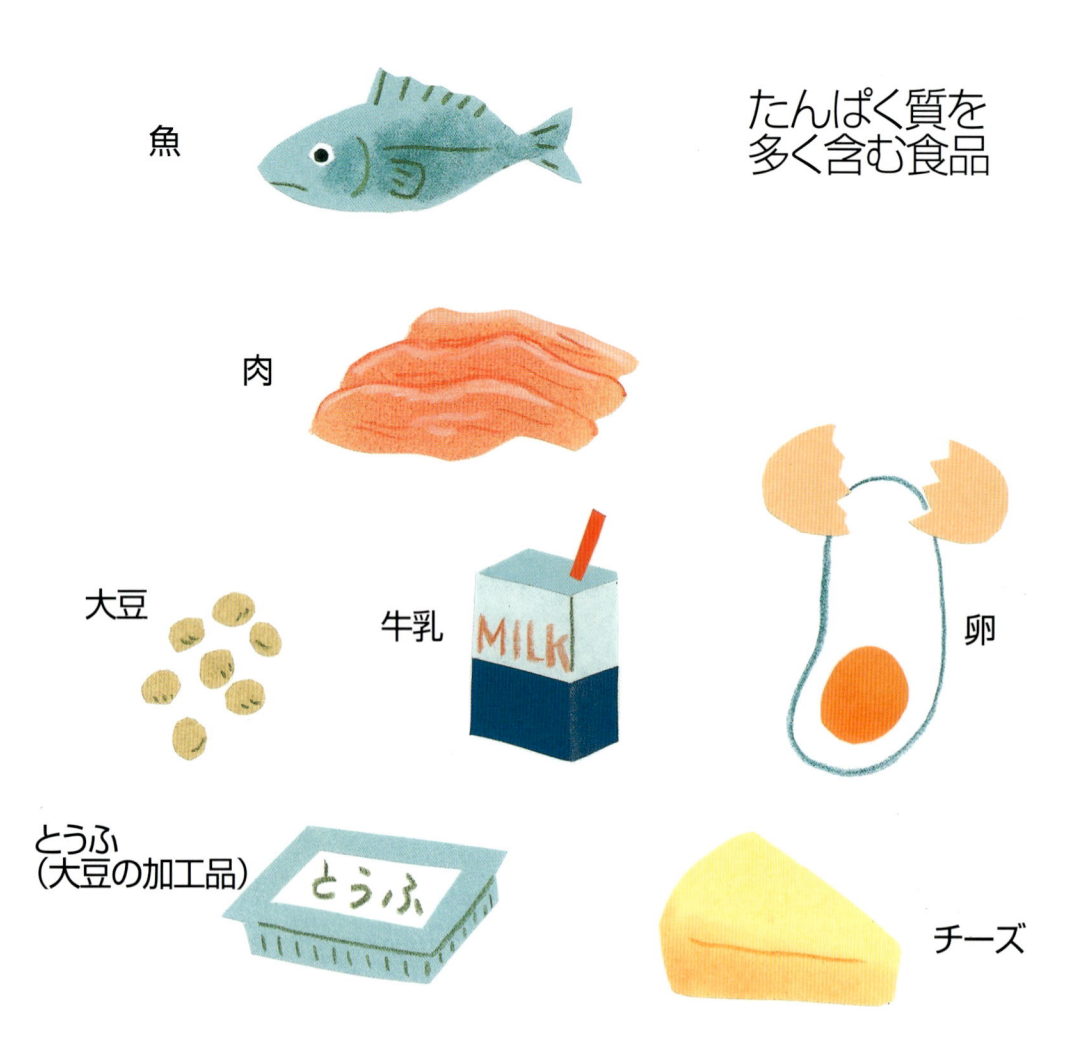

たんぱく質を
多く含む食品

魚

肉

大豆

牛乳

卵

とうふ
(大豆の加工品)

チーズ

「肉・魚・豆食べ力(ちから)」の
たんぱく質

たんぱく質は、わたしたちのからだ…骨、筋肉、ひふ、心臓などの内臓、血液、つめ、髪の毛などをつくる、重要な栄養素。
そして、からだを動かすエネルギーにもなる栄養素です。
肉や魚や卵や乳製品に含まれるのが動物性たんぱく質。
大豆などの豆や、その加工品(とうふ、納豆など)に含まれる植物性たんぱく質があります。
動物性食品からたんぱく質をとると、動物性の脂質も一緒にとることになるので、
植物性のたんぱく質もバランスよく組み合わせて。無機質の中のカルシウムや鉄も、骨や血をつくるのに役立ちます。

主にからだの調子をととのえる…
ビタミン、無機質(ミネラル)、食物せんい

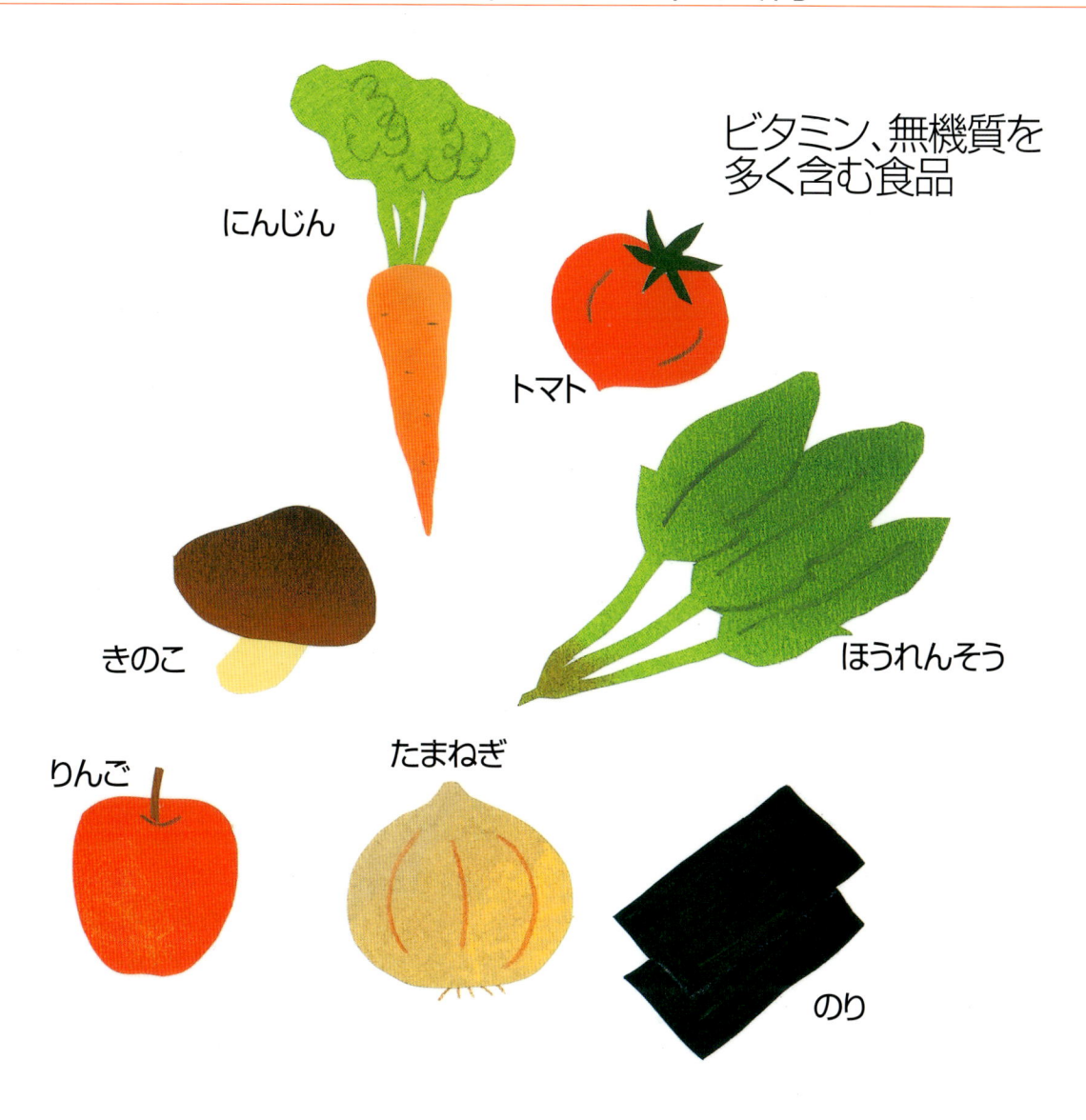

ビタミン、無機質を多く含む食品

にんじん

トマト

きのこ

ほうれんそう

りんご

たまねぎ

のり

「野菜・海そう食べ力(ぢから)」の
ビタミン、無機質(ミネラル)、食物せんい

ビタミン、無機質は、量はほんの少しでも、からだを健康に保つのに欠かせない栄養素。
ほかの栄養素の働きを助けたり、骨を強くしたり、病気やストレスへの抵抗力をつけてくれたりして、大活躍です。
たとえばビタミンBの仲間は炭水化物をブドウ糖に、脂質を脂肪酸に分解して、
エネルギーに変えるのに役立ちます。
野菜、フルーツ、海そうなどにたくさん含まれています。

この味、どんな味？
調味料で、おいしくなるね

なめてみよう

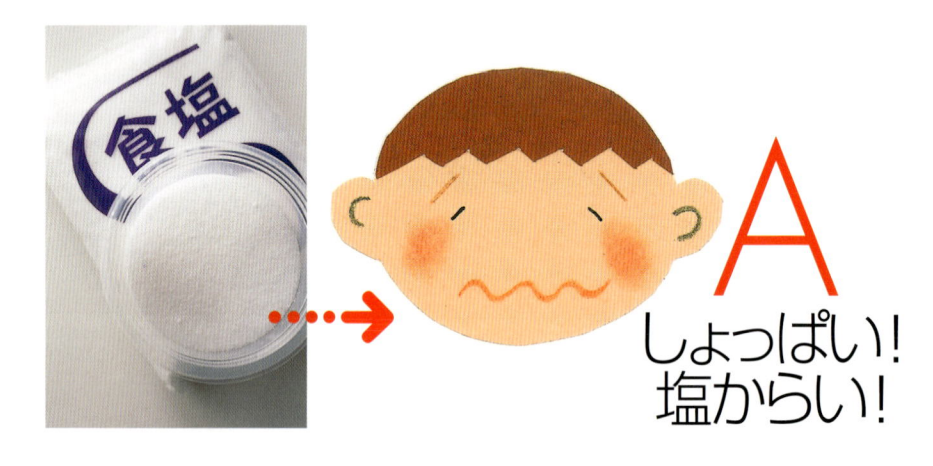

Q 砂糖は？ → **A** あまい！

Q 塩は？ → **A** しょっぱい！塩からい！

Q 酢は？ → **A** すっぱい！

味のついてない焼き肉や野菜いためを想像してみて。
食べ物は、塩やしょうゆなどの調味料の助けで ぐんとおいしくなるのよ。
あまい、しょっぱい（塩からい）、すっぱい、うまくてしょっぱい、ピリッとからい。
その組み合わせによって、おいしさが大きく変わってきます。
調味料をなめて、味を感じてみてね。

Q しょうゆ、みそは？

A うまくてしょっぱい！

Q からしは？

A ピリッとからい！

隠し味

油・バター…
油分で料理がこってりしっとりする。

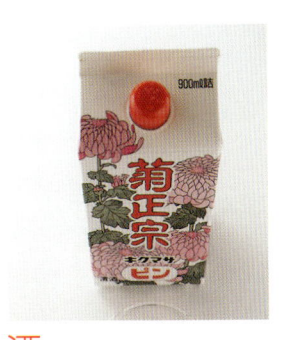

酒…
コクとうまみが加わる。

朝ごはん、食べ

ねぼうして、朝ごはんを食べない子どもが増えています。
朝ごはんは、元気に1日をスタートして、夜までいきいき活動する力のもと。
そこから、健康な生活のリズムも生まれて、
太りすぎや、いろいろな病気が逃げていきます。朝ごはんを、しっかり食べてね。

朝ごはんを食べると…

オハヨー

すぐに体温が上がり、
からだと脳が
動き始めます。

↓

午前中から、
勉強や運動に
集中できます。

↓

ねぼうや
夜ふかしをしなくなり、
1日の食事と
生活のリズムが
生まれて、
元気に毎日を
送れます。

食べ力コラム3　シンプルな味つけで、味覚を育てましょう

食べ物の味がわからず、食べることを楽しめない子どもが増えています。刺激の強い味の加工食品が増え、市販のたれなども「よりおいしく」とどんどんうまみが加えられているのも一因。厚化粧の味つけでは素材の味もわからず、味覚が育ちません。

子どもたちにまず、基本の調味料の味をしっかり教えましょう。塩むすびや、みそをつけただけのきゅうりなど、ごくシンプルな味つけの食べ物を食卓に増やしましょう。

てる？

食事のリズムチェックテスト

あてはまるところをチェックしてください

☐ 朝ごはんをたべないことがある。

☐ 給食を残すことがある。

☐ おやつをいっぱい食べる。

☐ 学校帰りや夕食の前に、なにかを食べることが多い。

☐ 食べるのが早いとよく言われる。

☐ 夕食の時間がおそい。

☐ 家族みんながそろって食べることが少ない。

☐ 夜、ねる前によく食べ物を食べる。

☐ 夜、ねる時間がおそい。

● **チェックが0～2個の人**
よいリズムで食べています。これからもこのリズムでいこうね。

● **3～5個の人**
少しリズムがくずれています。注意しましょう。

● **6個以上の人**
う～ん、食事も生活もリズムができてないですね。おうちの人とも話をして、もっと自分のからだをだいじにしてあげようね。

（注・テストは食生活情報センター『食べて「元気」になる物語』よりアレンジ）

子どもに料理を教える前に

ここからは、お料理実習のページです。子どもたちが大好きなごはんや肉じゃがやピザを、電子レンジでかんたんに作れるように工夫しました。火を使わないので、低学年の子どもにも安心して入門できます。手をよく洗うことと、ケガ、ヤケドのことだけ注意したら、あとは難しいこといっさい抜きです。

ふだんは苦手な食べ物も、すっぱいものや香りの強いものも、自分で洗って、切って、チンして作ると愛着がわいて、「おいしい！残すなんてもったいない」と考えるようです。材料をうまく切れなくたって、とにかく「自分で作った」ことがうれしくて、子どもたちはゴロンと大きな野菜も食べてしまいます。

料理はまさに「五感の教室」です。じゃがいもが煮えるといいにおいがします。たまねぎは煮えるとしんなりします。赤い肉に火が通ると色が変わります。できたてのおいしそうなにおい。トマトを包丁で切る時の手ごたえ、ピザの生地を手にとった時のベタベタした感触も、作ってみてわかることです。かたかったチーズが、ふつふつととける小さな音…。できたてのアツアツをほおばったときのおいしさ…。

わずかな時間で、素材の色や様子の変化をからだで確かめながら手も脳もフル回転させて、たくさんのことを感じとり、知恵を身につけられます。好ききらいを直し、バランスのよい食事を身につけるきっかけにもなります。

おうちでは、パンにバターを塗ったりごはんをお茶わんによそったりするのだって、りっぱな料理。子どもたちをどんどんキッチンに入れて、料理をさせて、「じょうずだね、おいしいね」とたくさんほめましょう。自分自身で、生きていくことにも自信が生まれ、みんなみちがえるほど輝いてきますよ。

電子レンジ
ABCレシピ集

電子レンジの使い方

電子レンジは、電磁波（マイクロウエーブ）によって
食品に水蒸気を出させて
あっというまにあたためたり、料理ができあがる道具。
火やヒーターを使わないので、火事の心配がありません。
耐熱の器や皿で料理してそのまま食卓に並べることもできます。
使い終わったあとは、内側をふいてきれいにしておきましょう。

●電子レンジに使えない素材

ステンレスのボウルやなべ、アルミホイル、金属の器（電磁波をはねのけるので
食べ物があたたまりません。火花がちることもあり、危険なので使いません。）

●便利な道具

耐熱の電子レンジ用容器
ふたつきで便利。
調理してそのまま食卓に並べることもできる。

ラップ
電子レンジにかけるときの、
ふた代わりになる。

クッキングシート
油や水に強いので、
材料に味を
よくしみこませたい時の
落としぶた
（材料にくっつくように
かぶせるふた）や、
ピザを蒸す時のシートに。

電子レンジ料理のワザ

電子レンジの料理は、材料と調味料を合わせてチンするだけ。
かんたんに、すぐに、おいしくつくれます。
ワザもこれだけ。私の教室では、3歳の子も楽しくクッキングしてますよ!

耐熱の器を使い、電子レンジにかける時は 専用のふたをするか、
両はじを少しあけてラップをする。ふたやラップをする必要がないこともある。

ターンテーブルにおくときは、まん中よりはじの方が電磁波がよくあたる。
ターンテーブルがついていないレンジは、まん中に器をおく。
また、底がぺたんこの器は下にわりばしを並べてすきまを作ると、
熱がまんべんなく回る。

電子レンジのワット数や強弱をしっかり確かめ、
タイマーで正確に時間をはかろう。

ごはんを炊こう

脳の栄養にはごはんが最高。
1カップの米でごはんを炊こう

ごはんは炊きたて。おなかがすいた、
早く、早く！　というときも
電子レンジなら、1カップのお米をすぐに
ふっくらツヤツヤに炊きあげることができます。

1人分
190kcal
塩分0.00g

[材料]3人分
米………1カップ(200ml)
水 ………約1.3カップ(260ml)

[作り方]
米を洗う。
ザルに分量の米を入れて
ひとまわり大きなボウルにセットし、
水をいっぱいにそそぎ、
グルグルかきまぜてザルだけ
引きあげると、一気に水が切れる。
ボウルの水はすてる。
2〜3回くりかえす。

2
大きめの耐熱ガラスのボウルに
1の洗った米を入れ、
分量の水を注ぎ、専用のふたをするか、
両わきを少しあけてラップをかける。

メモ1
沸とうするとラップがはずれやすいので、
2枚かけてください。

メモ2
水の量は米によって少し違ってきます。

3
電子レンジのターンテーブルの中央にボウルをおく。

4
電子レンジ強（600W）に5分かける。
500Wなら6分かける。

5
グツグツ沸騰してきたことをたしかめて、
弱（150〜200W）に変えて12分かける。

食べ力コラム4 「米を炊く」

「米を炊く」とは、米のβ-でんぷんを、水と熱を加えてねばりけのあるα-でんぷんに変化させる作業。米は１５．５％の水分を含みます。電子レンジのマイクロウエーブの電極は、１秒間に２４億５０００万回も向きをかえるのですが、水の分子はごく小さいので、電極の変化についていくのにぴったり。米粒に含まれる水分と、あとから加えた水に同時にマイクロウェーブがあたります。そこで米粒は内と外からダブル加熱された状態になり、浸水時間ゼロでも、ふっくら炊きあがります。

「米を洗ったら３０分ほど水に浸す」とよく言われますが、これは鍋炊きや旧式の炊飯器の場合。熱湯を対流させて煮るやりかたなので、米にまず水を吸わせておかないと、中までふっくら炊けないのです。

6

とり出して、
ふたをしたままおいて10分間蒸らすと、
ごはんがふっくら炊きあがる。
スプーンやしゃもじで全体をさっと混ぜて、
お茶碗によそう。

肉じゃがを作ろう

人気者のおそうざい

みんな大好きな肉じゃがも、
材料を切って調味料を加えて
7分チンするだけ。油は使いません。
じゃがいもがホクホク煮えたらできあがり!

1人分
99kcal
塩分0.9g

［材料］2人分
牛薄切り肉 ……… 50g
しょうが（薄切り）……… 2枚
じゃがいも ……… 小1個（正味100g）
玉ねぎ ……… 50g（1/4個）
{A}
　しょうゆ ……… 大さじ1
　酒 ……… 大さじ1
　砂糖 ……… 大さじ1
　水 ……… 大さじ1

1

［作り方］
じゃがいもは皮をむいて、
刃もとのかどで芽をかきとる。
2つに切って切り口を下にして、
4～6等分に切る。

2

玉ねぎは根元のほうから皮をむく。
2つに切ってさらに2つに切り、

1/4個分を幅1cmの
くし型(半月型)に切る。

3

牛肉は幅3cmに切る。
しょうがは、せん切り
(できるだけ細く切ること)にする。
写真は、材料を全部切ったところ。

4
耐熱ボウルに{A}を入れて、牛肉としょうがを加えてほぐす。

5
玉ねぎ、じゃがいもを加えて、10×10cmに切ったクッキングシートをじかにかぶせ、ふたをおく。
又は両わきを少しあけてラップをする。

メモ
味をしみこみやすくするため、材料にくっつくようにふたをすることを「落としぶた」と言います。

6
電子レンジ600Wに7分（500W8分20秒）かける。

7
とり出してじゃがいもにはしをさして、煮えていることをたしかめる。

さばのみそ煮を作ろう

びっくりするほどおいしい

電子レンジは、魚の煮ものがとくい。
ピーマンのふたで味もよくしみて
初めてでも、じょうずにできますよ。
ごはんにのっけてもおいしい！

1人分
143kcal
塩分0.8g

[材料]2人分
さば(三枚におろしたもの)
………2切れ(120g)
しょうが(薄切り)………1枚
ピーマン ………1個
{A}
　みそ ………大さじ1
　砂糖 ………大さじ1
　酒 ……… 大さじ1

1
[作り方]
さばは幅3cmに切って、
中央に縦の切り目を入れる。
ピーマンは4等分し、タネをとる。
写真は、材料を全部切ったところ。

2
耐熱の器に{A}を入れて混ぜ、
さばを皮を下にして入れる。
しょうがをおき、ピーマンをのせる。

メモ
ピーマンは、材料に味をしみこませる
「落としぶた」の役目をする。

3
専用のふたをするか、
両わきを少しあけてラップをする。

電子レンジ600Wに3分
(500W3分40秒)かけたらできあがり。

29

ピザを作ろう

粉から25分で
アツアツの蒸しピザを作ろう

ワーイ、おうちでアツアツのピザができるよ。
小麦粉をねって、のばして、具をのせて、チンして 25分で完成。
とろ〜りハフハフ、できたては最高。
オリーブ油、トマト、ベーコン、チーズと 栄養のバランスもバッチリです。

1枚分
1015kcal
塩分3.5g

[材料]直径20cmのもの1枚分
ピザ生地
 強力粉 ……… 100g
 牛乳 ……… 65〜85ml
 バター ……… 小さじ2
 砂糖 ……… 大さじ1
 塩 ……… 小さじ1/5
 ドライイースト ……… 小さじ1
 打ち粉用強力粉 ……… 適量

トッピング
 オリーブ油 ……… 大さじ1
 にんにく ……… 1かけ(みじん切り)
 塩 ……… 少々
 トマト ……… 1個(150g)
 薄切りベーコン ……… 2枚
 ピザチーズ ……… 50g
 パセリのみじん切り ……… 大さじ2

生地を作る

1

[作り方]
耐熱ボウルに牛乳、バターを入れて、電子レンジ600Wに20秒かけ、体温ぐらいのあたたかさにする。

2

ドライイースト、砂糖、
塩は「すりきり」できちんと量を計って入れる。

強力粉の1/3を入れてあわ立て器で混ぜ、
残りの強力粉を加えてはしで混ぜ、
もちあげられるぐらいにまとめる。
生地がまとまりづらいときは、
牛乳を10mlほどたして混ぜる。

3

電子レンジ弱(150～200W)に
30秒かける。
水でぬらしたペーパータオルを
ふたの下にはさんで、
26～27℃のところに10分、
倍の大きさにふくれるまでおく。

5

生地をめん棒で直径20cmにのばし、
そのままめん棒に巻きつける。
クッキングシートをしいた耐熱皿に移し、
広げる。

4

粉をふったまな板に、
3)の生地をゴムべらでとり出し、うらがえして、
生地のまわりにも粉をまぶす。
ゴムべらで押さえてガス抜きをする。
フォークでつっついて、空気穴をあける。

トッピングして、焼く

6

トマトは幅5〜7mmの輪切りにし、
ベーコンは幅3cmに切る。
写真は、トッピングの材料を全部切ったところ。

7

生地にオリーブ油をぬり、
にんにくを散らし、塩をふる。

8

トマトをおき、ベーコンをのせる。

9

ピザチーズを散らし、パセリのみじん切りをふって、ラップをふんわりかける。

10

電子レンジのターンテーブルに直径15cmの耐熱皿をおき、
湯1/2カップ（分量外）を注ぐ。割りばし2ぜんを上にのせて、9)の皿をおく。

11

電子レンジ600W5分（500W6分）にかける。

りんごサワーで、サラダを作ろう

あまずっぱいものは、元気がでるよ

りんごと酢と砂糖を合わせた
フルーツサワーは、水や牛乳を加えて
さわやかドリンクに、生のりんごを
あえてサラダにと、いろいろ楽しめます。

りんごサワー
大さじ1ぱいあたり
27kcal
塩分0.0g

りんごサラダ
1人分
73kcal
塩分0.1g

[材料]作りやすい分量
りんごサワーの材料
 りんご ……… 1/3個（100g）
 氷砂糖
 または好みの砂糖……… 100g
 酢 ……… 1カップ（200ml）

りんごサラダの材料
 りんご………1/3個（100g）
 りんごサワー………大さじ1
 サラダ油 ………小さじ1
 塩 ………少々

（上2枚の写真は、りんごを切り分ける前です）

りんごサワーを作る

1

[作り方]
りんごはへたをくりぬいてしんをのぞき、皮つきのまま乱切りにする。

2
びんにりんごを入れ、
その上に氷砂糖を入れて、酢を注ぐ。

3
ふたをしないで電子レンジ600Wに
30秒かける。

4
ふたをして、室温におく。
1日たったら飲める。
1週間ぐらいしたら、りんごを取り出す。
室温で1ヵ月以上もつ。

5
そのまま小さなグラスで飲める。
または、りんごサワー大さじ1と
冷たい水かよく冷えた牛乳100mlを
コップに入れて、
よくかき混ぜて飲む。

りんごサラダを作る

1

[作り方]
りんごは6等分の大きさに切って
しんをのぞく。
それぞれを幅5mmに切る。

2 ふたつき容器にりんごを入れる。

3 りんごサワー、サラダ油、
塩を加え、
ふたをしてふる。

食べ力
コラム5

活力のもとになる酢と砂糖。

疲れをとり、活力のもとになる酢と砂糖。西洋に「りんご一個で医者いらず」ということわざがあるほど、健康にいい成分をたっぷり含んだりんご。りんごサワーはこの3つがタグを組んだ、とてもさわやかでヘルシーな飲み物。ジュースで割ったり、アイスクリームやシャーベットにかけてもおいしいですよ。

食べ力(ぢから)Q&A

わたしには小学生の友だちがいっぱいいて、メールもやりとりしています。食べ力についてのやりとりをいくつかのせますね。あなたも、村上祥子のホームページ http://www.murakami-s.com に アクセスしてみてね。

Q
社会の授業で、ごはんは主に炭水化物だから太らない、と習いました。砂糖も炭水化物ですが、太らないのですか？

A
炭水化物を食べるとまっさきに、からだや脳を動かすエネルギーに変わり、そのあとは炭酸ガスと水になって、息やおしっこと一緒に出ていきます。つまりどんどん燃えるので、太る原因になりにくいのです。砂糖も同じです。ただし、砂糖はごはんのように茶わんで食べたりはしませんね。ケーキ、パフェ、ジュース、コーラ…みんなが大好きなおやつやドリンクの中にたくさん入っていて、食べ始めると、なかなかとまらないでしょう。あまいドリンクと一緒だとポテトチップスもどんどんすすむでしょう。そう、砂糖の入った食べ物、飲み物は、もともとおいしい上に、脂肪分の多いものもどんどん食べたくなる。それが太るもとになることはあります。

Q
「カップラーメンやスナック菓子を食べすぎると背がのびない」と本に書いてありました。なぜですか？

A
一度カップラーメンの「原材料」のところを読んでみて。〜エキス、〜色素、〜ビタミン系…って何十と並んでいるでしょう。その多くは、長く保存するため、見た目と味をよくするため、栄養をおぎなうために人工的に合成された食品添加物（てんかぶつ）。インスタント食品やスナック菓子などの加工食品にはよく使われていて、中には、からだにたくさん入るとカルシウムをうばって骨の発達をじゃますなど、成長のバランスをこわす成分もあります。それで「背がのびない」という言葉になったのでしょう。小学校、中学校時代は、からだも脳もぐんぐんのびる時。たとえばごはんに卵や納豆をかけて食べて、トマトをかじるだけでも、添加物ゼロで栄養のバランスもとれるのよ。新鮮な空気がいちばんからだにいいのと同じく、とれたて、作りたての食べ物が、からだをいちばんイキイキ元気にしてくれますよ。

Q
わたしは牛乳がにがてです。牛乳を飲まなくても、その栄養をおぎなえる食べ物はありませんか？

A
たくさんありますよ。チーズやヨーグルトが好きなら、どれも牛乳からできているのでおすすめです。それから「畑のミルク」と呼ばれるのが、大豆（だいず）をしぼった豆乳。牛乳と同じく、たんぱく質がたっぷり。とうふや納豆なども大豆からできているので、たくさん食べてくださいね。

Q
おかあさんは「チョコレートはたくさん食べるとからだに悪い」と言い、友だちは「チョコはからだにいい食べ物」だと言います。どっちが本当？

A
どちらも本当です。チョコレートの約3分の1は脂質で、砂糖で甘くおいしくしてあるので、つい食べすぎて太りやすく、虫歯になってしまう心配もあります。でも、チョコレートはカカオ豆からできていて、たんぱく質や、血を作る鉄分や、骨を作るカルシウムや、血をサラサラにするポリフェノールがたっぷり。だから、「からだにいい」というのもまた正解なのです。おかあさんも、お友だちも、それぞれ正しいわけね。ほかのおやつと同じように、ほどほどに楽しみましょう。

Q
ぼくは生のトマトは好きですが、焼きトマトはなんだか変な味になるなあと思います。焼いちゃうと栄養も変わるのですか？

A
材料に熱を加えると、ビタミンCなどの水溶性の栄養がこわれることが多いのですが、トマトのビタミン類、リコペンやβ-カロチンなどの成分は熱に強く、生でも熱を加えても、栄養はほとんど変わらないと発表されています。ひと工夫すれば、トマトは焼いても煮ても蒸しても、とてもおいしいですよ。たとえば、ただ焼くのが苦手なら、トマトにチーズをのせて焼いてみて。この本のP30には、蒸すトマトピザの作り方ものせました。ケチャップはトマトをグツグツ煮こんだもの。子どものころに脂肪細胞の数を増やさない（太りにくいからだにする）働きのあるトマトの料理を、いろいろ楽しみましょう。

おさらいクイズ50

1. 人は、なぜ食べるの？
   A.食べないとしかられるから　B.生きる力になるから　C.食べるとほめられるから

2. 朝ごはんを食べると、からだはどうなる？
   A.寒くなる　B.あたたまって動きやすくなる　C.フラフラする

3. 消化(しょうか)ってなあに？
   A.食べ物が消えること　B.食べ物が栄養に変わること　C.食べ物がたりないこと

4. 人間のからだは、なにでできている？　　A.酸素　B.水素　C.細胞

5. 人間のからだには、水分がどのぐらい含まれている？　　A.60～70%　B.30～50%　C.含まれていない

6. カロリーってなんの単位？　　A.重さの単位　B.エネルギーの単位　C.スピードの単位

7. 1キロカロリー(kcal)は1リットルの水の温度をどれだけ上げるエネルギー？
   A.1度　B.3度　C.5度

8. 9～11歳の元気な子どもは、1日だいたいどれぐらいのエネルギーが必要だといわれている？
   A.1000～1200kcalぐらい　B.2000～2200kcalぐらい　C.3000～3200kcalぐらい

9. 茶わん一杯のごはん(150g)は何キロカロリー？　　A.180kcal　B.252kcal　C.315kcal

10. 三大栄養素は炭水化物(糖質)、たんぱく質ともうひとつは？　　A.ビタミン　B.カルシウム　C.脂質

11. 主に、食べるとすぐに脳やからだを動かす力に変わる栄養素は？
    A.炭水化物　B.食物せんい　C.ビタミン

12. 主にからだの調子をととのえる栄養素は？　　A.炭水化物　B.たんぱく質　C.ビタミン

13. 次のうち、炭水化物がたっぷり含まれる食べ物は？　　A.牛乳　B.ごはん　C.ほうれんそう

14. 次のうち、たんぱく質がたっぷり含まれる食べ物は？　　A.牛肉　B.のり　C.スパゲッティ

15. 次のうち、ビタミンがたっぷり含まれる食べ物は？　　A.トマト　B.砂糖　C.うどん

16. 一汁二菜(いちじゅうにさい)ってなに？
    A.ジュースと野菜2つのメニュー　B.ホテルの朝ごはん
    C.日本のこんだての基本で「ごはん、汁もの、2つのおかず」

17. ピーマンはなんの仲間？　　A.野菜　B.くだもの　C.肉

18. バターはなんの仲間？　　A.野菜　B.くだもの　C.乳製品

19. さばはなんの仲間？　　A.野菜　B.肉　C.魚

20. りんごはなんの仲間？　　A.くだもの　B.野菜　C.肉

21. のりはなんの仲間？　　A.魚　B.海そう　C.くだもの

22. チーズの原料は？　　A.牛乳　B.はちみつ　C.チーズの実

23. 豆腐の原料は？　　A.小麦粉　B.大豆(だいず)　C.ヨーグルト

24. 砂糖ってどんな味？　　A.あまい　B.からい　C.すっぱい

25. しょうゆってどんな味？　　A.あまい　B.うまくてしょっぱい　C.すっぱい

26 酢ってどんな味？　　A.あまい　B.からい　C.すっぱい

27 塩ってどんな味？　　A.あまい　B.しょっぱい　C.すっぱい

28 からしってどんな味？　　A.あまからい　B.ピリッとからい　C.にがい

29 あまいおやつに使われている調味料は？　　A.砂糖　B.しょうゆ　C.酢

30 あまからい肉じゃがに使われている調味料は？　　A.わさび　B.しょうゆ　C.酢

31 ガスコンロで食べ物をあたためるとき、次のなにを使う？
　　A.ほのお　B.電気の熱　C.電磁波（マイクロウエーブ）

32 オーブントースターで食べ物をあたためるとき、次のなにを使う？
　　A.ほのお　B.電気の熱　C.電磁波（マイクロウエーブ）

33 電子レンジで食べ物をあたためるとき、次のなにを使う？
　　A.ほのお　B.電気の熱　C.電磁波（マイクロウエーブ）

34 料理の前になにをする？　　A.顔を洗う　B.手を石けんでよく洗う　C.準備運動をする

35 大さじ1ぱいの量は？　　A.5ml　B.10ml　C.15ml

36 調味料をはかる時の「すりきり」ってなに？
　　A.ちょっとだけ　B.計量スプーンやカップのふちまでぴったり　C.山もり

37 計量カップ1ぱいの量は？　　A.100ml　B.200ml　C.500ml

38 タイマーは、時間がくるとなにで教えてくれる？　　A.音　B.におい　C.けむり

39 おたまってなに？　　A.あたまの別名　B.卵のこと　C.汁ものをすくい、混ぜる道具

40 しゃもじってなに？　　A.とり肉のこと　B.ごはんをよそったり材料を混ぜるへら　C.おばさんのこと

41 ボウルってなに？　　A.おさら　B.材料を混ぜたりするのに使う器　C.グラス

42 ザルってなに？　　A.魚の名前　B.野菜の名前　C.水気を切る道具

43 めんぼうってなに？
　　A.あめんぼ　B.めんたいこの仲間　C.うどんやピザの生地をのばす木の棒

44 料理をする台が高すぎたら？　　A.あきらめる　B.ふみ台をさがして持ってくる　C.台にすわって料理する

45 台の上で、まな板がすべりやすい時は？
　　A.ハンカチをしく　B.ぬらしたふきんかペーパータオルをしく　C.わりばしをしく

46 包丁を持ったら気をつけることは？　　A.人に刃先をむけない　B.いつもぬらしておく　C.よごさない

47 電子レンジを使う前に、なにを確かめる？　　A.大きさ　B.メーカー　C.ワット数

48 次の器のうち、電子レンジに使えないのは？　　A.耐熱ガラスの器　B.ステンレスの器　C.マグカップ

49 次のうち、電子レンジに入れる器のふたとして使えるのは？　　A.アルミホイル　B.木のふた　C.ラップ

50 お米を炊くとき、水はどのぐらい加える？　　A.米と同じ量　B.米より2割ぐらい多い量　C.米の2倍の量

こたえ
1…B 2…B 3…B 4…C 5…A 6…B 7…A 8…B 9…B 10…C 11…A 12…C 13…B 14…A
15…C 16…C 17…A 18…C 19…C 20…A 21…B 22…A 23…B 24…A 25…B 26…C 27…B 28…B
29…A 30…B 31…A 32…B 33…C 34…B 35…C 36…B 37…B 38…A 39…C 40…B 41…B 42…C
43…C 44…B 45…B 46…A 47…C 48…B 49…C 50…B

「食」のいいつたえ

米のめしとおてんとさまは、どこへ行ってもついてまわる
●どんなにこまった時も、ごはんと太陽のめぐみだけは必ずあるから、先のことはあまり心配しないで、という意味。2千年以上も昔からお米を食べて栄えてきた「みずほの国」（日本の別の呼び名。いねの穂がゆれる国という意味）らしい言い伝えです。

米のめしは仕事する
●ごはんを食べるとからだに力がみなぎり、どんどん仕事や勉強がはかどる。または、働きものや勉強熱心な人はごはんをよく食べる、という意味。この本のタイトル、『勉強の前に、まずごはん！』とよく似た言い伝えですね。

疲れたときには酢のものを
●酢は、3世紀後半にはもう中国から日本に伝わっていたといわれる調味料。さく酸という成分が、からだに入ると、疲れのもとになる物質（乳酸）をバラバラに分解してエネルギーに変えてくれます。昔の人は、栄養学のことは知らなくても、自分のからだで酢の元気回復パワーを感じて、語り伝えたのですね。

イワシ100匹、頭の薬
●イワシやサバなどの、青みがかった魚には、脳細胞膜（のうさいぼうまく）をつくる材料として大切な成分（DHA）や、集中力を高めるカルシウム、その吸収をよくするビタミンDなどがたっぷり含まれています。昔の人はそれを「頭の薬」というおもしろい言葉であらわしたのですね。

トマトが赤くなると、医者が青くなる
●西洋の有名なことわざです。トマトをたっぷり食べられる季節になると、だれも病気にならないから、お医者さんはまっさおに。そのぐらいからだにいい野菜として、世界中で愛されています。実際、トマトには、あざやかな赤をつくり出す「リコペン」という成分がたっぷり含まれ、ガンなど多くの病気を予防する力があるそうですよ。

りんご1個で医者いらず
●これも西洋のいいつたえ。1日1個、りんごを食べていれば病気にかからない、という意味です。りんごにはビタミン類のほか、食物せんいもたっぷり含まれていて、おなかをこわしたらすりおろして、便秘のときには切ってそのまま食べるといいといわれています。そういう効果も、昔からみんな感じていたのでしょうね。

「食べ力(ぢから)」自由研究のすすめ

最後まで読んでくださって、どうもありがとう。
どのページがいちばんおもしろかった？
「食べ力」を、これからも大切にして
自分で選んで、作って、バランスよく食べられる人になってね。
食べること、食べ物のことに興味がわいてきたら
好きなテーマを見つけて、
研究・体験してみて。食べることが、ますます楽しくなりますよ！

調べたり、やってみましょう

- 家でどんどん料理を作ろう。食事の手伝いをしよう。これがいちばんの「食べ力」のもと。

- きょう食べたものを書き出そう。その栄養を調べよう。

- 図書館やインターネットで「食」についての本や雑誌や情報を調べよう。

- 食料品の買いだしをひきうけて、あちこち見て回ろう。
  お店によって、おいてある食べ物も、包装や並べ方も、新しさや品質も、ねだんもいろいろ。

- 市場が近くにあったら行ってみよう。
  自分が住んでいる土地で、どんな食べ物がとれるのか、どんな加工品があるのかよくわかる。

- 全国の郷土料理や食べ物の名産、駅弁と使われている材料を調べよう。

- 田んぼや畑や牧場を見学できる施設をさがして出かけよう。

- 食について見学できる施設や工場、食のギャラリーをさがして出かけよう。

- 作物を育てよう。バケツ稲、ベランダ畑ならてがるだ。

- 田植えや稲刈り、子ども料理教室など、農業と食に関するイベントをさがそう。
  実りの秋には、あちこちでやっている。

- きれいな水がわいているところをさがそう。

- 釣りをしてみよう。

- そしてなにより大事なこと。一日三食、バランスよくちゃんと食べよう！

村上祥子（むらかみ・さちこ）

福岡女子大学家政学科卒業。管理栄養士。料理研究家。
母校の福岡女子大学で15年間、非常勤講師を勤める。
東京と福岡でクッキングスタジオを主宰し、毎週往復しつつ
テレビ出演、出版、講演などで全国を飛び回る。
「電子レンジの手品師」と呼ばれるほど、
かんたんでヘルシーな電子レンジレシピの研究では第一人者。
食育にも力を注ぎ、全国の幼稚園や学校に出張して
講演と料理教室の両面から授業を行っている。
月刊『学校給食』（全国学校給食協会）にもコラムや現場ルポを執筆。
著書に『村上祥子のラクラク電子レンジ離乳食』
『ママと子どもがハマるお料理手品』
『速効！ごはん力100』（以上、講談社）、
『電子レンジのおやつ』（日本文芸社）、
『電子レンジで30秒発酵ふんわりパン』（永岡書店）
『村上祥子の温野菜レシピ集』
『村上祥子のごはんレシピ集』（以上、全国学校給食協会）など多数。

スタッフ
高島めぐみ　神谷知子　山本恵
栄養計算／株式会社ムラカミアソシエーツ
ブックデザイン／渡辺貴志（ワタナベデザイン）
イラスト／丸山ゆき
料理撮影／岡本真直
スタイリング／久保百合子
編集／日高あつ子

参考資料
『料理でわかる　ふしぎ・びっくり!?』（村上祥子監修。全五巻。河出書房新社）
『食べて「元気」になる物語』（財団法人　食生活情報サービスセンター）

勉強の前に、まずごはん！

2005年3月20日発行
2006年8月25日第2刷

著　者　村上祥子
発行者　細井壯一
発行所　全国学校給食協会
　　　　東京都千代田区九段南2-5-10　久我ビル1F
　　　　http://www.school-lunch.co.jp
　　　　電話03-3262-0814　ファックス03-3262-0717
振　替　00140-8-60732
印刷所　明和印刷株式会社

落丁本・乱丁本はおとりかえします。
法律で認められた場合を除き、本誌からのコピーを禁じます。
©Sachiko Murakami 2005 Printed in japan

「おかわり！」の声がいっぱい聞こえてきそうなおいしいごはんレシピばかり

月刊「学校給食」別冊
給食大好き！シリーズ

②

村上祥子・著
B5判オールカラー56ページ
定価1,050円（税込）

● 村上祥子／むらかみさちこ

福岡女子大学家政学科卒業。管理栄養士。料理研究家。母校の福岡女子大学で15年間非常勤講師を勤める。東京と福岡間を週に数回飛行機で往復し、講演などで全国を飛び回る"空飛ぶ料理研究家"。手軽で簡単なレシピは絶大な人気がある。食育にも力を入れており、2000年には食育実践のための本、『ママと子どもがハマるお料理手品』（講談社）を出版。ほか多数。

給食大好き！シリーズ ──❶発売中
「村上祥子の温野菜レシピ集」
村上祥子・著　B5判オールカラー
58ページ　定価1,050円（税込）

- ● いろいろな国の
  ごちそうごはん献立
- ● 人気の郷土ごはん
- ● 人気おかず
  のっけごはん
- ● カルシウムたっぷり
  の味つけごはん

村上祥子のごはんレシピ集

活用しやすい成分表つき

からだ全体の中で、糖質はたった0.5％。あれッ、毎日、ごはんやパンを食べているけれど、からだにはたった0.5％しか糖質が残ってないの？と子どもたち。ごはんがからだの中でブドウ糖に分解されて生きていくためのエネルギーになるから、みんな毎日ピンピンなのョというお話をします。その実践篇として、子どもたちの人気のおかずとごはんを組み合わせたレシピ集を作りました。（村上祥子）

注文書

　　　　　　　　　年　　月　　日

「村上祥子のごはんレシピ集」を　冊注文します。（税込）定価1,050円	「村上祥子の温野菜レシピ集」を　冊注文します。（税込）定価1,050円
お名前	
ご住所（〒　－　　）	TEL

全国学校給食協会

〒102-0074　東京都千代田区九段南2-5-10久我ビル1F
TEL 03-3262-0814　FAX 03-3262-0717

全国学校給食協会の本

食協 全国学校給食協会

注文書 ご注文・お問い合わせは書店または直接当社へ

学校栄養職員必携の専門誌

月刊 学校給食
1年間・12冊　11,664円（税・送料込）

年　　　月号　より

書名	税込定価	冊数
●月刊「学校給食」別冊〈給食大好き！シリーズ〉		
①村上祥子の温野菜レシピ集　村上祥子／著　B5判カラー　58頁	1050	
②村上祥子のごはんレシピ集　村上祥子／著　B5判カラー　56頁	1050	
③奥薗壽子の食育おやつ12ヵ月　奥薗壽子／著　B5判カラー　52頁	1050	
●月刊「学校給食」別冊〈食と健康シリーズ〉 ⑧と⑭は絶版		
①楽しい行事食　B5判カラー　119頁	1575	
②楽しくつくる祭りずし　B5判カラー　137頁	1575	
③新日本型食生活　B5判カラー　133頁	1575	
④おいしい野菜料理　B5判カラー　118頁	1575	
⑤おいしい魚料理　B5判カラー　119頁	1575	
⑥祭りずし・郷土ずし　B5判カラー　121頁	1575	
⑦おいしい卵料理　B5判カラー　110頁	1575	
⑨おいしい牛乳料理　B5判カラー　121頁	1575	
⑩おいしいご飯料理　B5判カラー　119頁	1575	
⑪おいしいチーズ料理　B5判カラー　111頁	1575	
⑫おいしいめん料理　B5判カラー　118頁	1575	
⑬おいしい郷土料理　B5判カラー　110頁	1575	
⑮おいしい牛肉料理　B5判カラー　111頁	1575	
⑯おいしい海そう料理　B5判カラー　112頁	1575	
⑰おいしい麦料理　B5判カラー　111頁	1575	
⑱献立教材1学期編　B5判カラー　152頁	1835	
⑲献立教材2学期編　B5判カラー　160頁	1835	
⑳献立教材3学期編　B5判カラー　144頁	1835	

年　　月　　日

書名	税込定価	冊数
●食のまなびやシリーズ		
①食の授業をデザインする。　谷川彰英／著　四六判　221頁	1575	
②育て！子どもの学ぶ力　嶋野道弘／著　四六判　254頁	1575	
給食の調理ここがコツ　森山喜恵子／著　A5判　112頁	1260	
衛生管理マニュアル　細貝祐太郎／監修　森山喜恵子／著　A5判　112頁	1260	
すぐに役立つ給食事務と帳票類　森山喜恵子／著　A5判　112頁	1260	
その場にぴったりの楽しいゲーム100　高橋和敏・山崎律子／著　A5判　224頁	1890	
日本人だから、和の薬膳。　土橋よみ子／著　B5判カラー　104頁	1890	
おにぎりぱくりん　今西祐行／文　斎藤博之／絵　A4判変型　上製44頁	897	
食物の栄養と効用　成瀬宇平／著　A5判　237頁	1575	
偏食をなおす　平井信義／著　B6判　231頁	1325	
目でみる学校給食　田中　信／監修　池田ふみ子／著　B5判変型2色刷　33頁	420	
子どもといっしょに太巻き祭りずし　龍崎英子／著　A4判変型オールカラー　上製64頁	1575	
タローと作る給食レシピ12ヵ月〈第1集〉　関　はる子／著　B5判　52頁	525	
タローと作る給食レシピ12ヵ月〈第2集〉　関　はる子／著　B5判　52頁	525	
タローと作る給食レシピ12ヵ月〈第3集〉　関　はる子／著　B5判　52頁	525	
勉強の前に　まずごはん！〈村上祥子の「食べ力」3分レッスン〉B5判カラー　46頁	980	
かんたん給食だより工房　第1集〈CD-ROM付〉B5判　96頁　素材1000点収録	3800	
新　えいようってなあに？〈1・2年生〉　藤沢良知／監修　関　はる子／絵と文　B5判　48頁　2色刷	630	
新　栄養ってなあに？〈3・4年生〉　藤沢良知／監修　関　はる子／絵と文　B5判　48頁　2色刷	630	
新　栄養ってなあに？〈5・6年生〉　藤沢良知／監修　関　はる子／絵と文　B5判　48頁　2色刷	630	

●書籍・別冊は、1回の発送につき300円の送料がかかります。月刊誌は、規定の送料がかかります。

合計　　　冊　　　　　円

●お名前

●ご住所（〒　　－　　　）

●TEL　　　　　　　　　●E-mail　　　　＠

●代金は書籍到着後2週間以内にご入金下さい。郵便局または銀行振込がご利用いただけます。

〒102-0074　東京都千代田区九段南2-5-10久我ビル1F
TEL 03-3262-0814　FAX 03-3262-0717